Descargo de responsabilidad

Este libro biográfico es una obra de no ficción basada en la vida pública de una persona famosa. El autor ha utilizado información de dominio público para crear esta obra. Aunque el autor ha investigado a fondo el tema y ha intentado describirlo con precisión, no pretende ser un estudio exhaustivo del mismo. Las opiniones expresadas en este libro son exclusivamente las del autor y no reflejan necesariamente las de ninguna organización relacionada con el tema. Este libro no debe tomarse como un aval, asesoramiento legal o cualquier otra forma de consejo profesional. Este libro se ha escrito únicamente con fines de entretenimiento.

Introducción

En esta cautivadora exploración de la vida y el legado de Marlon Brando Jr., se invita a los lectores a adentrarse en el dinámico mundo de un icono de la interpretación y activista estadounidense cuya influencia remodeló el panorama del cine del siglo XX. Con una carrera que abarca seis décadas, la brillantez de Brando le valió numerosos galardones, entre ellos dos premios de la Academia, dos Globos de Oro, un premio del Festival de Cannes y tres premios de la Academia Británica de Cine. Ampliamente considerado como uno de los mejores actores de la historia, Brando es célebre por haber llevado el sistema Stanislavski de interpretación y el método de actuación al gran público.

La narración comienza con la temprana inmersión de Brando en las enseñanzas de Stella Adler y Stanislavski en la década de 1940, marcando la génesis de una carrera que comenzó en el escenario. El libro recorre su transición al cine, destacando momentos cruciales como su primer papel como Stanley Kowalski en "Un tranvía llamado deseo" (1951) y la innovadora interpretación de Terry Malloy en "On the Waterfront" (1954), que sigue siendo un hito en la historia de Hollywood.

Índice

Índice 2

Descargo de responsabilidad 3

Introducción 4

Marlon Brando 6

Biografía 9

Funciones importantes 33

Posiciones políticas y humanitarias 36

Vida privada 39

Tasas percibidas 46

Filmografía 50

Agradecimientos 56

Otros libros de United Library 60

Marlon Brando

Por United Library

https://campsite.bio/unitedlibrary

Si bien la década de 1960 planteó retos comerciales y críticos, el resurgimiento de Brando a principios de la década de 1970, sobre todo con su icónica interpretación de Vito Corleone en "El Padrino" (1972) y su papel nominado al Oscar en "El último tango en París" (1972), le catapultó de nuevo a la vanguardia de la industria. La narración se desarrolla a lo largo de sus últimos años, marcados por papeles protagonistas en películas como "Apocalypse Now" (1979) y "Superman" (1978), así como por un paréntesis autoimpuesto en el cine.

A medida que el lector recorre las dos últimas décadas de la vida de Brando, marcadas por las controversias, los trastornos del estado de ánimo y los problemas legales, adquiere una comprensión matizada del hombre que se esconde tras la leyenda. A pesar de los tumultuosos aspectos de su vida personal, el perdurable impacto de Brando en el cine asegura su lugar entre las figuras más respetadas y veneradas de la historia del cine.

Esta completa biografía traza un retrato rico y convincente de Marlon Brando, ofreciendo una visión íntima de las complejidades de su carrera, los papeles transformadores que definieron una época y el legado perdurable de un icono cultural.

Marlon Brando

Marlon Brando Jr. (Omaha, 3 de abril de 1924 - Los Ángeles, 1 de julio de 2004) fue un actor, director y guionista estadounidense.

Está considerado una de las mayores estrellas de Hollywood, así como uno de los actores más carismáticos y con más talento de la historia del cine. Alumno del Actor's Studio, fue uno de los primeros intérpretes del Método Stanislavsky en Estados Unidos; su inmersión en los papeles renovó radicalmente el estilo de actuación estadounidense, aún ligado a la teatralidad de la época, en favor de un enfoque psicológico más marcado de los personajes a interpretar. Incluso su presencia física, atlética e imponente, en marcado contraste con su rostro angelical, se desmarcaba de la norma de los actores de la época, proponiendo un nuevo sex symbol a una América que regresaba de la guerra, cansada de estereotipos y en busca de algo nuevo.

Alcanzó la popularidad interpretando a Stanley Kowalski en la película Un *tranvía llamado deseo* (1951), basada en la obra homónima de Tennessee Williams. A continuación, marcó la década de 1950 protagonizando películas como *El salvaje* (1953), *On the Waterfront* (1954), que le consagró definitivamente, y *Matones y muñecas* (1955). Tras dirigir y protagonizar Las *dos caras de la venganza* (1961), su único papel como director, protagonizó las películas *La caza* (1966) y *La condesa de Hong Kong* (1967), que no obtuvieron los resultados deseados, mientras que volvió al éxito internacional con tres obras maestras de la década de 1970: *El Padrino* (1972), *Último tango en París* (1972) y *Apocalypse Now* (1979). En 1978, también interpretó el papel de Jor-El en la película *Superman*.

Ocho veces nominado al Oscar (galardón que ganó dos veces por *On the Waterfront* y *El Padrino*, negándose, sin embargo, en la segunda ocasión a recoger la estatuilla en protesta por la injusticia contra los indios americanos) Sus películas, vistas por más de 800 millones de espectadores en su momento (un récord en la historia del cine estadounidense), siguen teniendo mucho éxito hoy en día y algunas se consideran éxitos de culto.

Su estilo interpretativo sirvió de inspiración a actores como James Dean, Paul Newman, Al Pacino, Jack Nicholson, Robert De Niro, Dustin Hoffman, Johnny Depp, Robert Duvall y Gene Hackman. También fue un activista, que apoyó muchas causas, en particular la del movimiento afroamericano, que le llevó a participar activamente en la Marcha sobre Washington en 1963. Fallecido en 2004 a la edad de 80 años, Brando fue uno de los tres actores profesionales, junto con Charlie Chaplin y

Marilyn Monroe, que la revista estadounidense *Time* incluyó entre las *100 personas más influyentes del siglo* en 1999. El American Film Institute clasificó a Brando como la cuarta mayor estrella de la historia del cine.

Biografía

Orígenes

Marlon Brando Jr. nació en Omaha, Nebraska, tercer hijo de Marlon Brando Sr., fabricante de alimentos, pesticidas y productos químicos, y Dorothy Julia Pennebaker. Para evitar malentendidos con el nombre de su padre, desde pequeño le apodaron *Bud*. Su familia tenía orígenes alemanes, holandeses, ingleses, irlandeses y franceses: Johann Wilhelm Brandau, su antepasado paterno, había llegado de hecho a la actual Nueva York, donde el apellido familiar se había americanizado a Brando, desde una pequeña ciudad de Alemania en el siglo XVIII. Tenía dos hermanas, Jocelyn (1919-2005) y Frances (1922-1994).

Brando tenía una relación tendencialmente hostil con su padre, causada, según él mismo reconoce, por el hecho de que frecuentaba muy a menudo burdeles y clubes nocturnos, manteniéndose alejado de la familia durante largos períodos de tiempo, mientras que apreciaba a su madre, con la que se fue a vivir tras el divorcio de sus padres, a la edad de once años, y junto con sus hermanas, a la ciudad de Santa Ana en California. Los padres se reconciliarían en 1937, volviéndose a casar en Chicago.

Brando estudió en la Libertyville High School, en el estado de Illinois, y después en la Shattuck Military Academy de

Minnesota, de la que fue expulsado. A partir de 1943, se reunió con sus hermanas en Nueva York y aquí asistió a la escuela *The Dramatic Workshop*, fundada por Erwin Piscator, donde fue alumno de Stella Adler, descrita por el propio Brando como "el alma de la escuela". Entre sus compañeros estaban Harry Belafonte, Shelley Winters y Rod Steiger.

Brando aprendió las técnicas del Método Stanislavsky de Stella Adler. Esta técnica animaba al futuro actor a explorar sus sentimientos, ayudándole a desarrollar su personaje en escena, también mediante una especie de redescubrimiento de sus experiencias pasadas. Una anécdota relatada por Adler cuenta que, cuando el profesor le dijo que se comportara como un pollo cuando estaba a punto de estallar una bomba nuclear, Brando replicó: "Yo soy un pollo, ¿qué sé yo de bombas?

Rebelde

En 1944, con poco más de veinte años, debutó en el teatro de Broadway en *I Remember Mama*, una comedia agridulce de John William Van Druten. La obra tuvo cierto éxito, por lo que en 1946 apareció en Broadway como el joven héroe del drama político de Ben Hecht *A Flag is Born*, negándose a aceptar salarios superiores a los normales de un actor debido a su compromiso con la independencia de Israel. Tras terminar sus cursos en el Actors Studio de Lee Strasberg, el joven actor alcanzó pronto el éxito teatral en 1947, interpretando a Stanley Kowalski en la obra de Tennessee Williams Un *tranvía llamado deseo*. La productora Irene Mayer Selznick había pensado inicialmente en otros actores para el papel de Stanley, como John Garfield o Burt Lancaster, pero quedó impresionada por la actuación de Brando en *Ha nacido una bandera* y se decidió por él.

Brando señaló en numerosas ocasiones que su única razón para actuar era causar una buena impresión a su madre, que anteriormente había sido una celebridad local en Illinois y a la que su hijo consideraba su musa. Interpretaría el mismo papel para la gran pantalla en 1951 en la película homónima dirigida por Elia Kazan, formando pareja con Vivien Leigh.

Brando debutó como actor de cine en 1950 en la película de Fred Zinnemann *Mi cuerpo te pertenece,* en la que interpretaba a un veterano de la Segunda Guerra Mundial parapléjico. Para preparar el papel pasó un mes en cama en un hospital. La película tuvo un gran éxito, que se consolidó en los años siguientes. También fue incluida en la lista de las diez mejores películas del año.

Primeros papeles

Tras el éxito de la versión teatral, Brando también apareció en la versión cinematográfica de Un *tranvía llamado deseo*, en la que interpretó uno de sus papeles más emblemáticos. La respuesta de la crítica fue muy positiva hacia él, que fue etiquetado como otro joven *símbolo sexual* de Hollywood. Los espectadores quedaron tan fascinados con su *interpretación* que, años más tarde, Brando declaró: "Aún hoy sigo conociendo a gente que automáticamente piensa en mí como un tipo duro, insensible y grandote llamado Stanley Kowalski. No pueden evitarlo, pero es preocupante". Este papel también le valió su primera nominación al Oscar, galardón que ganó su *compañera* Vivien Leigh, que obtuvo la estatuilla a la Mejor Actriz Protagonista.

Tras este gran éxito, Brando asumió el papel de Emiliano Zapata en *¡Viva Zapata!* (1952), de nuevo de Elia Kazan, que le valió el Prix d'interprétation masculine en el Festival de Cannes como Mejor Actor Masculino, así como una segunda nominación al Oscar como Mejor Actor Protagonista. En esta película, sus *compañeros* fueron Jean Peters, Anthony Quinn, que ganó el Oscar al Mejor Actor de Reparto, y Joseph Wiseman. Al año siguiente le llegó el turno del papel de Marco Antonio en *Julio César* (1953), de Joseph L. Mankiewicz, junto a su amigo James Mason, uno de sus papeles teatrales más populares. Este último también le valió una nominación al Oscar, de nuevo en la categoría de Mejor Actor, y un BAFTA como Mejor Actor Internacional (premio que ya había ganado con su anterior película).

También en 1953 obtuvo su primer papel protagonista, el de un rebelde amante de las motos en *El salvaje* (1953), dirigida por László Benedek, en la que el actor aparecía montado en una moto Triumph Thunderbird 6T. Las imágenes de Brando con chaqueta de cuero, montando o posando en moto, son icónicas hasta hoy, hasta el punto de que la estatua del actor en el museo de cera Madame Tussauds de Londres representa al personaje de El *Salvaje*. Tras el estreno de la película, las ventas de cazadoras de cuero y *vaqueros se* dispararon. Sin embargo, en su autobiografía, Brando declaró que la película no había resistido el paso del tiempo y que parecía anticuada y artificiosa.

También ese mismo año, tras un periodo de ausencia de los escenarios, Brando protagonizó otra obra, Arms and *the Man*, de George Bernard Shaw, producida y dirigida por Lee Falk, quien dijo sentirse orgulloso de que Brando hubiera rechazado una oferta de 10.000 dólares semanales en Broadway para protagonizar en su lugar la obra de Falk en Boston, con un contrato de menos de 500 dólares semanales. *Arms and the Man* fue la última representación teatral de su carrera.

El Oscar con *On the Waterfront*

En 1954, interpretó el papel de Terry Malloy en la película *Harbourfront*. Dirigida de nuevo por Elia Kazan y basada en la novela homónima de Budd Schulberg, la película se centra en la redención de Terry Malloy, un estibador y antiguo boxeador obligado a enfrentarse a los bajos fondos locales. Además de Brando, los actores principales eran Eva Marie Saint (en su debut cinematográfico), Karl Malden, Rod Steiger y Lee J. Cobb. Cuando se le ofreció inicialmente el papel, el actor casi se inclinó por rechazarlo, hasta el punto de que se consideró seriamente a Frank Sinatra para el personaje, pero finalmente Brando, tras un periodo de reflexión, aceptó el papel, por el que recibió unos honorarios de 100.000 dólares. Gracias a esta interpretación, consiguió ganar un Oscar al Mejor Actor Protagonista en 1955. Entre las muchas frases de la película que han permanecido famosas se encuentra la que el American Film Institute considera la tercera frase más famosa de la historia del cine:

Flanqueado por el prometedor Rod Steiger en el papel de su hermano Charlie, Brando colaboró con Kazan en la interpretación de muchas secuencias en las que intervienen el personaje de Terry Malloy y el suyo, entre las que destaca la escena en la que Charlie apunta a su hermano con una pistola, diciendo que nunca podría apretar el gatillo contra él. Kazan expresó su profunda admiración por la comprensión instintiva de Brando, afirmando: "...lo que *era extraordinario, en mi opinión, era el contraste del personaje de tipo duro y la extrema delicadeza de su comportamiento. ¿Qué otro actor, cuando Charlie empuña una pistola para obligar a Terry a hacer algo vergonzoso, habría puesto la mano en la pistola y la habría apartado con la delicadeza de una caricia? ¿Quién si no podría murmurar "¡Oh, Charley!" en un tono de reproche tan cariñoso y tan melancólico como para sugerir la aterradora profundidad del dolor? [...] No puedo imaginar una interpretación mejor por parte de un actor en la historia del cine en América".*

On the Waterfront recibió excelentes críticas y críticas y también fue un éxito de taquilla, recaudando unos 4,2 millones de dólares en la taquilla estadounidense. Tras ganar el Oscar, le robaron la estatuilla, que fue encontrada unos meses después. Brando también ganó el BAFTA al mejor actor internacional, el Globo de Oro y muchos otros premios importantes.

1950s

Durante la década de 1950 siguió cosechando éxitos. El primero fue *Désirée* (1954), en la que interpretó a Napoleón Bonaparte. A Brando no le gustó el guión y se vio obligado a hacer un gran esfuerzo para actuar de forma convincente en el papel que le asignaron, sólo para ser juzgado negativamente, a pesar de que su actuación resultó ser un gran éxito. Su compañera de reparto Jean Simmons volvió a protagonizar con Brando el *musical* Bullies *and Dolls* (1955), en el papel que Marilyn Monroe también había intentado obtener para tener la oportunidad de actuar junto a Brando, su gran amigo. Bullies *and Dolls* fue también el primer y único *musical interpretado* por el actor, quien admitió en una entrevista de 1955 en el programa *Person to Person* with Edward R. Murrow que no tenía grandes dotes para el canto, calificando el sonido de su voz de "bastante terrible". En el documental de 1965 *Meet Marlon Brando* reveló que sus números de canto eran el resultado de numerosas escenas que habían sido cortadas y unidas en una sola voz y escena.

Después de *Bullies and Dolls interpretó* el papel de Sakini, un veterano de guerra japonés, en la película *The Teahouse at the August Moon*, junto a Glenn Ford. La crítica de cine Pauline Kael declaró que la película no le había impresionado especialmente, pero que le había gustado la interpretación de Brando, su forma de hablar con un acento extraño, su sonrisa infantil y sus delicados movimientos con las piernas. La película obtuvo seis nominaciones a los Globos de Oro, incluida una para Brando en la categoría de Mejor Actor.

En la película *Sayonara* (1957), interpretó a un oficial de las Fuerzas Aéreas estadounidenses. La película fue muy criticada por sus temas centrados en el matrimonio interracial, pero aun así resultó ser un gran éxito, cosechando diez nominaciones a los premios de la Academia, incluida una nominación para Brando como

Mejor Actor Protagonista. Para su siguiente papel en *The Young Lions* (1958), se tiñó el pelo de rubio e intentó actuar lo mejor que pudo con un acento alemán que, según admitió él mismo, no resultó muy convincente. Basada en la novela homónima de Irwin Shaw, la película emparejó a Brando con otras dos estrellas del cine de la época, Montgomery Clift (su gran rival en aquel momento) y Dean Martin.

La primera década de su carrera terminó con la película *La piel de la serpiente* (1959), dirigida por Sidney Lumet.Basada en la obra *Orpheus Descending* de Tennessee Williams, la película está ambientada en un condado del sur de EE.UU. en la década de 1950. A su lado estaban Joanne Woodward y Anna Magnani, que consiguió establecer una buena relación con su *compañero*, algo que rara vez le ocurrió a Brando durante su carrera. La pareja Magnani-Brando obtuvo el aplauso unánime de la crítica, lo que compensó una taquilla poco satisfactoria. La *obra en la que se* basó la película fue reestrenada en el teatro en 2010 por Michael Brando, sobrino de Marlon.

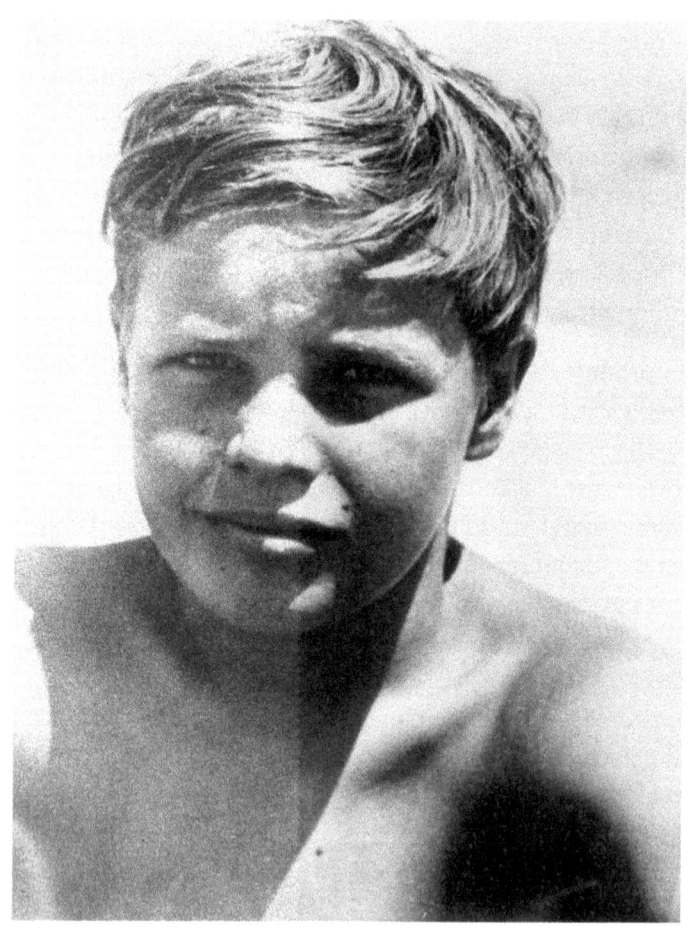

Los años sesenta

En 1961 probó suerte como director por primera y única vez con la película Las *dos caras de la venganza*. El actor era el titular de los derechos de la novela en la que se basaba la película, *La auténtica muerte de Hendry Jones, de Charles Neider,* y, al no estar satisfecho ni con Stanley Kubrick ni con Sam Peckinpah, decidió dirigirla él mismo e interpretar el papel del título, un bandido que explora el Salvaje Oeste en busca de tesoros, flanqueado por otro forajido, Dad, interpretado por Karl Malden, y su hermana Katy Jurado. La versión original del director era de 282 minutos (4 horas 42 minutos), que Paramount Pictures redujo a 141 (2 horas 21 minutos). A pesar de las críticas positivas, este western épico no tuvo el éxito esperado y la taquilla no fue satisfactoria.

En la película *Motín en la Bounty* (1962) protagonizó el papel del legendario primer oficial Fletcher Christian, junto a Trevor Howard, Richard Harris, Hugh Griffith y Richard Haydn. Basada en la novela de 1932 *Motín en la Bounty*, de Charles Bernard Nordhoff y James Norman Hall, la película narra la historia del verdadero motín de la Bounty que tuvo lugar en 1789. Para preparar la escena final en la que Fletcher Christian encuentra la muerte, Brando se tumbó durante varios minutos sobre bloques de hielo, para simular con precisión los temblores y sacudidas causados por las profundas quemaduras. Junto a él actuó Tarita Teriipia, que se convirtió en su esposa en 1962. La película obtuvo varias nominaciones a los Oscar, pero no la de Brando, que también obtuvo otras nominaciones a los Globos de Oro, incluida una para

Tarita. También obtuvo una excelente acogida en taquilla y por parte de la crítica. Sin embargo, la película fue recibida con críticas mixtas por parte de la crítica, mientras que en taquilla la película logró una buena recaudación, sin alcanzar los objetivos de la producción. Como consecuencia, Metro-Goldwyn-Mayer, la productora de la película, y posteriormente numerosos críticos y periodistas de la época culparon a Brando del fracaso de la película, debido a su controvertido comportamiento en el rodaje, que según ellos afectó negativamente a la producción de la película y provocó numerosos cambios y recortes en el plan original de la película.

Son bien conocidas sus iniciativas morales y sociales, que culminaron el 28 de agosto de 1963, cuando él y otras 250.000 personas participaron en la famosa Marcha sobre Washington por el Empleo y la Libertad para los Derechos Civiles, a la que asistieron otras famosas estrellas de cine de la época, como James Garner, Charlton Heston, Burt Lancaster y Sidney Poitier.

Según algunos, su compromiso social influyó negativamente en su carrera, debido también a sus numerosos y flagrantes actos de protesta, como el famoso episodio en el que rechazó el Oscar por la que quizá sea su película más famosa, *El Padrino* (1973), en protesta por el maltrato a los nativos americanos.

El declive

Tras el escaso éxito de *Los amotinados de la Bounty*, protagonizó varias películas en la década de 1960, que no obtuvieron el beneplácito de la crítica y resultaron ser fracasos de taquilla. Protagonizó dos películas, *Misión al Este* de George Englund - *El americano feo* (1963) y *Los dos seductores* (1964), que fueron casi ignoradas por la crítica y el público, y su siguiente película Los hombres *muertos* (1965), en la que interpretaba a un héroe de guerra junto a Yul Brynner y Trevor Howard (con quien ya había trabajado en *Motín en la Bounty*), no fue mejor.

En 1966, fue contratado para la película *La caza*, en la que interpretaba a un sheriff en busca de un bandido en un pueblo del Salvaje Oeste. La película, en la que le acompañaban dos prometedoras estrellas del cine, Robert Redford y Jane Fonda, iba a suponer el relanzamiento de su carrera, ya que el propio actor se había esforzado mucho en el rodaje, considerando el guión de la película uno de los mejores que había visto nunca. La película fue duramente atacada por sus temas de denuncia contra el ansia de caza del hombre, contra la revolución sexual (maridos que engañan abiertamente a sus mujeres), contra la incapacidad de divertirse sin emborracharse y contra el racismo. Aunque recibió críticas bastante favorables, la taquilla estuvo por debajo de las expectativas.

Tras otros fracasos comerciales como *Al sur de Sonora* (1966) y *La noche del día siguiente* (1968), la leyenda de Brando parecía desvanecerse. En 1967 protagonizó la comedia *La condesa de Hong Kong,* en la que actuó junto a Sophia Loren y fue dirigida por Charlie Chaplin. La película resultó ser un inesperado fracaso comercial y fue mal recibida tanto por la crítica como por el público, a pesar de ser una de las más esperadas de aquel año por la presencia simultánea de Brando y Loren, además de Chaplin, tras la cámara.

Ese mismo año, protagonizó el drama *Reflejos en un ojo dorado* (1967), donde interpretó el problemático papel de un militar, junto a Elizabeth Taylor, al que inicialmente iba a acompañar Montgomery Clift, que falleció antes de comenzar el rodaje. La película obtuvo una taquilla desfavorable, y supuso un nuevo fracaso comercial para el actor. Al año siguiente participó en la comedia *Candy and Her Mad World* (1968), dirigida por su amigo Christian Marquand, que Brando calificaría más tarde de suicidio artístico.

Tras todos estos fracasos comerciales, el declive de Brando parecía imparable, cuando fue rápidamente redimido por el director Gillo Pontecorvo, que le dio un papel en la película *Queimada* (1969), un drama político que criticaba todas las formas de colonialismo, con un reparto en el que Brando se distinguió por su interpretación, a pesar de haber tenido varios desacuerdos con Pontecorvo sobre la interpretación del papel. Brando describió su actuación como "una de las mejores de mi carrera". Sin embargo, la crítica no fue de la misma opinión, aunque la película sería reevaluada muchos años después.

Renacimiento en la década de 1970

Tras el fracaso comercial de *La noche del día siguiente* (1968) y a pesar del éxito momentáneo de *Queimada*, Brando vio cómo su leyenda se desvanecía cada vez más, hasta el punto de que en 1970 se planteó retirarse de los escenarios. Sin embargo, en 1971 su carrera dio un giro gracias al director Francis Ford Coppola, que lo contrató para el papel de Don Vito Corleone en la película *El Padrino*, a pesar de la oposición de Paramount Pictures, la productora del filme. Inicialmente reacio a aceptar el papel, el actor dotó al personaje de una caracterización física extremadamente personal. Gracias a esta interpretación, ganó su segundo Oscar, pero no se presentó a la ceremonia de entrega para recogerlo. Algunas futuras estrellas de cine aparecieron en esta película, como James Caan, Al Pacino, Diane Keaton, Robert Duvall, John Cazale y Talia Shire.

Al año siguiente, el actor regresó a Europa para participar en la nueva película de Bernardo Bertolucci, *Último tango en París*, protagonizada junto a Maria Schneider. Con este papel logró un segundo renacimiento artístico, tras el derivado de *El Padrino, además de* obtener otra nominación al Oscar. Sin embargo, la película fue el centro de un escándalo debido a su contenido picante y a las numerosas escenas de sexo y desnudos presentes, hasta el punto de que muchas copias fueron retiradas del mercado.

Tras cuatro años de ausencia de la pantalla, en 1976 coprotagonizó con Jack Nicholson la película *Missouri*, un western que se apartaba de los cánones habituales del género y que tuvo un discreto éxito en el extranjero, pero una fría acogida en su país y una recaudación insatisfactoria. Ese mismo año protagonizó *De repente, un hombre de noche, por la que fue* nominado a un premio BAFTA. Dos años más tarde fue contratado para la película *Superman* (1978), donde interpretó a Jor-El, padre del popular superhéroe. Durante el rodaje de la película declaró: "Mi tiempo como actor se está acabando. Sólo me quedan dos tomas", refiriéndose a que sólo actuaría en dos películas más, cosa que no ocurrió.

El Padrino

Paramount Pictures consideró en un principio dar el papel de Vito Corleone a Ernest Borgnine, Edward G. Robinson, Orson Welles, George C. Scott o Gian Maria Volonté. Burt Lancaster también quería el papel, pero no se le tuvo en cuenta. Francis Ford Coppola estaba indeciso entre dar el papel a Laurence Olivier o a Marlon Brando. Sin embargo, Olivier estaba demasiado viejo y enfermo en ese momento para soportar el papel, por lo que la elección de Coppola recayó en Brando, de quien el director era un gran admirador. La Paramount, sin embargo, se oponía totalmente a contratar al actor, en plena decadencia en aquel momento; el productor Robert Evans decidió acceder a la petición del director, sólo a condición de que Brando firmara ciertas cláusulas en su contrato: el actor tendría que someterse a una audición y firmar un acuerdo en el que se comprometía a no causar problemas durante la producción de la película. Brando tenía entonces cuarenta y siete años y aún parecía joven. Sin embargo, cuando se presentó a la audición para el papel, se las arregló para parecer mayor y dar a su personaje un aspecto de bulldog actuando con algodón en la boca para que le pesasen las mejillas (durante el rodaje, el algodón sería sustituido por un aparato especial fabricado especialmente por un dentista, y que ahora se conserva en un museo neoyorquino dedicado al cine).

En el plató, Brando era muy aficionado a gastar bromas. Entre sus "víctimas" estaban los dos extras que, en la escena del regreso de Don Vito a casa desde el hospital, llevan al jefe a su habitación en una camilla: Brando tenía colocadas a su lado una serie de pesas bajo la manta, de modo que el conjunto (camilla, Brando y pesas) pesaba casi 300 kg. Además, durante el rodaje de la escena de la boda de Connie, Lenny Montana, el intérprete de Luca Brasi, mostraba fuertes signos de nerviosismo cada vez que tenía que recitar el agradecimiento a su padrino con motivo de la invitación a la boda, debido a su admiración por Brando. Coppola escribió entonces especialmente la escena en la que Brasi ensaya y ensaya su discurso junto a la mesa de Michael y Kay Adams. Incluso, durante los ensayos, para burlarse de su colega, Brando entró una vez en escena con una tarjeta pegada en la frente, en la que se leía "Vete a tomar por culo".

Por esta actuación, ganó su segundo Oscar, pero se negó a asistir a la ceremonia en protesta por la forma en que los indios nativos americanos eran tratados por Estados Unidos y Hollywood. En su lugar, envió a la ceremonia de entrega a un nativo americano, Sacheen Littlefeather, que leyó su discurso de protesta. Brando fue el segundo actor de la historia del cine en rechazar un premio de este tipo, después de George C. Scott.

Último tango en París

La idea de la película surgió de las fantasías sexuales personales de Bernardo Bertolucci, que afirmaba haber soñado con ver a una bella desconocida por la calle y hacer el amor con ella sin saber quién era. El papel protagonista estaba inicialmente destinado a Jean-Louis Trintignant y Dominique Sanda, que ya habían trabajado con Bertolucci en *El conformista*. Trintignant rechazó el papel y Sanda, que había colaborado con el director en el desarrollo de la idea original, estaba embarazada y decidió no participar en el rodaje. Bertolucci viajó entonces a París para entrevistarse con Jean-Paul Belmondo y Alain Delon: el primero se negó a reunirse con el director, por considerar la película pornográfica; el segundo aceptaría, pero con la condición de que él mismo produjera la película.

El nombre de Marlon Brando surgió casi por casualidad y, a través de Christian Ferry, que trabajaba para Paramount Pictures, se concertó una cita con Bertolucci en el Hotel Raphael de París. Brando escuchó con interés el torpe inglés del director, pero antes de aceptar, pidió ver *El conformista* y sugirió a Bertolucci que le visitara en Los Ángeles durante quince días para hablar de la película antes del rodaje. United Artists dio a Brando 250.000 dólares y el 10% de la taquilla.

Brando interpreta a Paul, un viudo de mediana edad que se enamora de Jeanne, de 20 años, interpretada por Maria Schneider. Como en muchas de sus películas anteriores, se negó a memorizar algunas de las líneas de su personaje. La película provocó un gran escándalo debido a sus numerosas escenas de sexo explícito, hasta el punto de que el 29 de enero de 1976, una sentencia del Tribunal Supremo ordenó la destrucción física de todas las copias de la película. A pesar de ello, la película fue reconocida como una obra maestra a lo largo de los años, hasta el punto de que se reestrenó en 1987. Por esta interpretación recibió su séptima nominación al Oscar y ganó los premios del Círculo de Críticos de Cine de Nueva York y de la Sociedad Nacional de Cine al mejor actor.

Tras el visionado de la película, parece ser que Brando estaba muy resentido con su propia interpretación, por haber incluido (por consejo de Bertolucci) muchas referencias a su vida personal dentro de su personaje, convirtiendo la película en media autobiografía del propio actor, que afirmaba haber sido "prácticamente violado por Bertolucci". Tras la proyección, se negó a reunirse con el director durante quince días y no participó en el *estreno* en Roma ni en ninguna iniciativa promocional de la película. Más tarde, según admitió el propio director, ambos aclararon su relación a mediados de los noventa.

Últimos trabajos

En 1978 Brando protagonizó la película *Superman interpretando* el papel de Jor-El, padre del popular superhéroe, y recibió un *caché* faraónico de casi 20 millones de dólares por aparecer en unos minutos del filme. Con este enorme beneficio quiso hacer una serie sobre los nativos americanos, que se materializó al año siguiente en *Roots - The New Generation, en la que participó* en un episodio. Al año siguiente consagró definitivamente su carrera con la interpretación del coronel Kurtz en *Apocalypse Now*, de Francis Ford Coppola. La película, ambientada en la guerra de Vietnam, fue un gran éxito y ganó dos Oscar y la Palma de Oro en el Festival de Cannes. En 1980 Brando anunció su retirada de los escenarios.

Ya desmotivado como actor y deformado en su físico debido a una creciente obesidad, en los años siguientes se limitaría a actuar exclusivamente por dinero, con apariciones en cameos de muy pocos minutos pagados con grandes honorarios, como en *La fórmula* y *El valiente*. El actor volvería a la pantalla en 1989 para participar en la película *Una seca estación blanca*, por la que recibió una nominación al Oscar al mejor actor de reparto, y por la comedia *El jefe y el novato* (1990).

Tras algunas graves vicisitudes en su vida familiar, volvió a actuar con el papel de un psiquiatra en la película *Don Juan De Marco - Maestro del amor* (1995), junto a Johnny Depp en el papel de un paciente, con quien colaboraría por segunda vez en la película *El valiente* (1997), dirigida por el propio Depp. También regresó para interpretar a Jor-El en *Superman II*, pero sus escenas fueron suprimidas debido a los elevados honorarios que cobraba el actor por el uso de su metraje. En abril de 2000, junto a Woody Allen y Nelson Mandela, se convirtió en *testimonial* para el anuncio de Telecom Italia, donde fue dirigido por Tony

Scott. Inicialmente iba a participar en un cameo en la escena inicial de *Scary Movie 2, cuyo* rodaje estaba previsto para el verano de 2001, pero debido a una neumonía sus escenas fueron eliminadas del guión.

Su última aparición en televisión fue el 7 de septiembre de 2001, cuando, junto con otras estrellas de cine, participó en el programa *Michael Jackson: 30th Anniversary Special, con motivo del* 30 aniversario de la carrera del cantante y gran amigo suyo. Para la ocasión, trató algunos temas fuertes como el abuso de menores, despertando la ira del público, que le interpeló a lo largo de su discurso, dado el momento y el lugar inapropiados para temas tan delicados. Su última película fue *The Score* (2001), la única que protagonizó con Robert De Niro. En 2006, dos años después de su muerte, se estrenó en el cine *Superman Returns*, en la que el actor reaparecía en el papel de Jor-El, el padre del superhéroe, con escenas que se rodaron y nunca se proyectaron en el cine.

En junio de 2004, a pesar de su precaria salud, Brando quiso rodar su única película como actor de doblaje, *Big Bug Man* (inédita), junto a Brendan Fraser. Unos meses antes de su muerte, también prestó su imagen y su voz para el videojuego inspirado en *El Padrino*. También recibió un premio Razzie en la categoría de Peor Actor Secundario en 1996, por su interpretación del Dr. Moreau en *La isla perdida*.

En 2015 se estrenó en los cines británicos el documental *Listen to Me, Marlon,* dirigido por Stevan Raily, que recorre toda la vida del actor, narrada por el propio Brando a través de viejas grabaciones registradas durante sus últimos años, en las que comenta sin tapujos las vicisitudes de su atribulada existencia, gracias también a sesiones de autohipnosis.

Últimos años y muerte

Durante sus últimos años de vida, el actor residió en una lujosa mansión de Mulholland Drive, en Hollywood Hills; su vecino era Jack Nicholson. Aquejado de diabetes y con un peso de casi 140 kg, en 2001 fue hospitalizado por una grave neumonía, pocos días antes del inicio del rodaje de *Scary Movie 2, en la que* iba a participar en un cameo.

En marzo de 2002, su ex pareja, María Cristina Ruiz, le demandó por 100 millones de dólares, acusándole de dejarla en la estacada tras el fin de su relación. Brando afirmó que recibía una mísera pensión de unos 6.000 dólares al mes y sólo 1.000 dólares de la asistencia social, alegando que no tenía dinero suficiente para mantener a Ruiz y a sus tres hijos.

El actor falleció en Los Ángeles el 1 de julio de 2004, a las 18.30 horas (hora local), en el Centro Médico de la UCLA (Universidad de California en Los Ángeles), en Westwood; la causa de la muerte se atribuyó a una crisis respiratoria, debida a un enfisema pulmonar que le aquejaba desde hacía tres años. A su funeral asistieron numerosas personalidades del mundo del espectáculo y amigos como Jack Nicholson, Sean Penn, Warren Beatty y Michael Jackson. Por voluntad expresa fue incinerado y sus cenizas esparcidas en Tahití y el Valle de la Muerte.

Funciones importantes

Stanley Kowalski, de *Un tranvía llamado deseo*, es un chico con instintos primarios, rudo, brutal, pero al mismo tiempo sensual, capaz de dominar tanto física como emocionalmente a su esposa Stella. El personaje demuestra que no sabe controlar sus emociones, llegando incluso a hacer el mal para hacer el bien. Este comportamiento le causará no pocos problemas, entre ellos el distanciamiento de su mujer y su hijo, que finalmente consiguen escapar del tormento psicológico de Stanley. Con esta interpretación Brando obtuvo su primera nominación al Oscar, y empezó a darse a conocer al gran público, que quedó impresionado por las extraordinarias dotes interpretativas del joven actor.

Terry Malloy, el protagonista de *On the Waterfront, es* un antiguo boxeador redimido convertido en trabajador portuario. Frustrado por su pasado, del que es incapaz de liberarse, intenta rehacer su vida pero, debido a las malas amistades de su hermano Charley, se ve envuelto en conflictos entre bandas y se ve obligado a enfrentarse a los trabajadores portuarios de Nueva York. Al final, sin embargo, Terry parece encontrarse a sí mismo y denuncia las turbias actividades de su hermano y su banda. Memorable es el diálogo final entre Brando y su hermano, interpretado por Rod Steiger, improvisado por los dos actores. El papel de Terry Malloy consagró definitivamente a Brando como uno de los intérpretes más intensos de la historia del cine, capaz de abordar los papeles más diversos con una seguridad y una incisividad innatas.

Paul, el protagonista de *El último tango en París, es* un hombre de mediana edad que reflexiona sobre sus frustraciones y fracasos. Un hombre con una existencia rota, con un gran deseo de poner su vida a cero, y cuyo tormento tiene no pocas analogías con la vida real de su intérprete. El monólogo de Paul ante la cama de su mujer, muerta por suicidio, sigue siendo inolvidable. Brando obtuvo otra nominación al Oscar con esta película, pero tropezó con diversas vicisitudes, ya que el filme, coprotagonizado por la jovencísima Maria Schneider, fue denunciado en Italia por obscenidad y, tras un largo proceso judicial, el Tribunal Supremo de Casación, con sentencia de 29 de enero de 1976, sancionó la incautación y destrucción de todas las copias de la película. Mucho interés despertó la famosa escena en la que Brando utiliza mantequilla durante el acto sexual con Maria Schneider, quien -años más tarde- declaró que la escena no figuraba en el guión, sino que fue una improvisación del propio Brando con la complicidad de Bertolucci.

Don Vito Corleone de *El Padrino, en cambio, es* un anciano, el progenitor de una familia mafiosa, una figura casi estática con una mirada críptica, en la que se encierra todo el misterio y la omertà de la mafia. Brando recurrió a un truco para deformar sus rasgos y enriquecer la expresividad de su rostro, utilizando un par de grandes bolas de algodón dentro de la boca.

El coronel Walter E. Kurtz de *Apocalypse Now es* un hombre que ha alcanzado su "punto de ruptura" y se retira a la jungla para llevar una existencia de semidiós, adorado por miles de nativos. Aquí es de nuevo el rostro el que desempeña un papel clave: Brando está completamente afeitado, sus rasgos perpetuamente en sombra, casi sugiriendo una esencia divina, casi abstracta.

Posiciones políticas y humanitarias

También fue muy activo políticamente, financiando en parte la candidatura de John Fitzgerald Kennedy a la presidencia de Estados Unidos. En agosto de 1963 participó en la famosa Marcha sobre Washington por el Empleo y la Libertad, junto con sus colegas y amigos Burt Lancaster, Sidney Poitier, James Garner, Charlton Heston y Harry Belafonte. Junto con Paul Newman fue también activista del movimiento Freedom Riders. Al día siguiente del asesinato de Martin Luther King en 1968, Brando declaró su intención de implicarse activamente en el movimiento afroamericano. Participó en la Asamblea de California, apoyando un proyecto de ley de vivienda justa para la población negra, y también fue activista contra el apartheid. Participó en una manifestación de protesta en 1975 contra las inversiones estadounidenses en Sudáfrica y por la liberación de Nelson Mandela. En 1989, volvió a los escenarios para protagonizar la película A *Dry White Season*, centrada en la cuestión del apartheid.

En la década de 1960, donó miles de dólares a la organización Southern Christian Leaders (S.C.L.C.) y donó fondos para niños enfermos de Mississippi. Protagonizó numerosas películas que trataban estos temas, como *Misión al Este* y *Sayonara*. Su solidaridad con estos movimientos se manifestó en su rechazo al Oscar en 1973.

Políticamente, se describía a sí mismo como no votante y nunca apoyó la línea política de ningún partido.

Protesta a favor de los nativos americanos

Por su interpretación en la película *El Padrino* ganó su segundo Oscar, pero prefirió renunciar a la estatuilla: el actor, que en aquellos años se había acercado a la causa amerindia, envió a la ceremonia a una joven india, Sacheen Littlefeather (Marie Louise Cruz), activista de los derechos civiles de sangre mitad amerindia y mitad europea, que pronunció en su nombre un discurso de denuncia y protesta contra el entorno de Hollywood. La actitud, sin embargo, no se interpuso en su camino: al año siguiente recibió otra nominación por *Último tango en París*.

Vida privada

Brando era conocido por su tumultuosa vida privada y sus numerosas parejas masculinas y femeninas; tuvo once hijos, tres de los cuales adoptó. En 1976 declaró: "La homosexualidad está tan de moda que ya no es noticia. Como un gran número de hombres, yo también he tenido experiencias homosexuales, y no me avergüenzo de ello. Nunca he prestado especial atención a lo que la gente dice de mí".

En los años 40 mantuvo un romance con la escritora Paula Fox, a la que conoció en las clases de Interpretación de Stella Adler. A partir de la primera mitad de la década de 1950 mantuvo flirteos con las actrices Ursula Andress, Claudia Cardinale, Katy Jurado, Grace Kelly, Marlene Dietrich, Rita Hayworth, Édith Piaf, Ava Gardner, Ingrid Bergman, Irene Papas y Marilyn Monroe.

En 1957 se casó por primera vez con la actriz Anna Kashfi, con la que tuvo un hijo, Christian Devi (1958-2008), que saltó a los titulares en 1990 al ser condenado a 10 años por el asesinato de Dag Drollet, novio de su hermanastra Tarita Cheyenne. Ambos se separaron tras sólo ocho meses de matrimonio.

Tras divorciarse de Kashfi en 1959, Brando volvió a casarse en 1960 con la actriz mexicana Movita Castaneda, con la que tuvo dos hijos: Miko Castaneda (1961) y Rebecca Brando Kotlizky (1966). Ambos se separaron y se divorciaron oficialmente en 1968. Durante su matrimonio con Castaneda, Brando mantuvo un romance con la actriz Rita Moreno.

Justo después de separarse de su segunda esposa, el 10 de agosto de 1962 Brando se casó con la actriz polinesia Tarita Teriipia, a la que conoció en el rodaje de El *motín de la Bounty*. Tuvieron dos hijos: Simon Tehotu y Tarita Cheyenne (1970-1995). Ambos vivieron en la isla de Tetiaroa, propiedad de Brando, en la Polinesia Francesa, hasta su divorcio en 1972. Sin embargo, incluso durante su tercer matrimonio continuó su relación con Moreno, que finalmente terminó en 1968.

De su relación con su criada, Christina María Ruiz, Brando tuvo tres hijos, Ninna Priscilla (1989), Myles Jonathan (1992) y Timothy Gahan (1994). El actor tuvo cuatro hijos más de mujeres desconocidas: Stephen (1967), Michael (1967), adoptado por su viejo amigo Sam Gilman, Dylan (1968-1988) y Angelique. Adoptó a la hija de su asistente Caroline Barrett y del escritor James Clavell, nacida en 1972, con el nombre de Petra Brando-Corval. También por adopción, Brando tuvo dos hijos más: Maimiti (1977) y Raiatua (1982).

La relación con Anna Kashfi

Durante el matrimonio y a lo largo de su vida, Kashfi sufrió una grave adicción al alcohol, que mermó su calidad de vida y fue la principal causa de sus trastornos mentales. Separados menos de un año después de su matrimonio, a pesar del nacimiento de Christian, ambos se divorciaron oficialmente el 22 de abril de 1959. Hasta 1972, ambos mantuvieron una intensa batalla legal por la custodia de Christian, de la que Kashfi había obtenido inicialmente la custodia desde 1960. Sin embargo, sus constantes cambios de humor y sus incontrolables reacciones de comportamiento hicieron que Brando la demandara por ser incapaz de cuidar de su hijo. El romance terminó en 1972, cuando Brando pudo obtener la custodia.

En 1972, mientras Brando se encontraba en Francia en el rodaje de *Last Tango in Paris*, Kashfi secuestró a Christian y se lo confió a dos hippies para que pasara una temporada con ellos, con el único propósito de vengarse de su ex marido. Como recompensa, la mujer prometió a los dos hombres diez mil dólares, pero al no poseer la suma, los dos no le devolvieron a su hijo. Brando contrató entonces a dos investigadores privados que consiguieron llegar hasta la comunidad hippie de la pareja en México y encontrar a Christian unos meses después, enfermo y febril.

Matrimonio con Tarita Teriipia y muerte de Cheyenne

Justo después de separarse de su segunda esposa, Movida Castañeda, el 10 de agosto de 1962 se casó con la actriz Tarita Teriipia, a la que conoció durante el rodaje de la película *El motín de la Bounty*. Sólo para su tercera esposa, compró una isla, llamada Tetiaroa, en la Polinesia Francesa, donde ambos vivieron. De su relación nacieron dos hijos: Simon (1963) y Tarita Cheyenne (1970). Esta última fue la primera hija de Brando, concebida por inseminación artificial.

Como la propia Tarita declaró en el libro *Marlon, mi amor, mi herida*, durante los primeros años de su vida Brando trató a su hija como a una princesa. Más tarde, ésta se resentiría enormemente por el hecho de que su padre hubiera tenido otras hijas con otras mujeres. Brando y Tarita se divorciaron en 1972, pero el actor no dejó de ir y venir entre Estados Unidos y la Polinesia en los años siguientes. En 1986 se comprometió con Dag Drollet, de quien se quedó embarazada tres años después. Durante estos años cayó en una fuerte depresión y empezó a consumir drogas. En 1989, tras una furiosa discusión con su novio Dag, Cheyenne tuvo un grave accidente de coche de madrugada, en el que quedó desfigurada de la cara. Desesperado, Brando se puso en contacto con los mejores cirujanos plásticos del mundo y comentó su decisión: "Gastaré miles de millones, pero la haré tan bella como antes". Los cirujanos consiguieron reconstruirle la cara y a la chica sólo le quedaron dos cicatrices.

En la noche del 16 de mayo de 1990, Dag Drollet, el novio polinesio de su hija Cheyenne, fue asesinado por su hijo mayor Christian en la villa familiar. Christian, que entonces tenía 31 años, alegó que se había emborrachado y que, por tanto, el asesinato había sido accidental. Tras las diligencias previas, Christian confesó que era culpable y que había utilizado una pistola para matar a Dag. Poco después nació Tuki Brando, el hijo de Cheyenne y Dag.

En el juicio, Marlon Brando se negó a jurar declarándose ateo. Llamado a declarar, habló durante una hora diciendo que él y su esposa Anna Kashfi habían fallado a su hijo. Después se dirigió a los familiares de Dag y les dijo: "*Lo siento... puede que no me creáis, pero yo quería a Dag. Estoy dispuesto a asumir las consecuencias*". Christian fue condenado a diez años de cárcel, pero cumplió cinco, tras lo cual fue puesto en libertad por buena conducta. En octubre de 1991 se emitió una orden de detención contra Cheyenne, acusada de complicidad en el asesinato tras haber desaparecido de la clínica psiquiátrica de París donde estaba ingresada después de intentar suicidarse dos veces. La joven fue detenida un mes más tarde en Orleans, donde se alojaba con su padre, pero fue puesta en libertad en noviembre de 1991 bajo fianza de unos 5,5 millones de francos, y finalmente exonerada en mayo de 1993. El romance terminó trágicamente en 1995, cuando Cheyenne, aún deprimida por el asesinato de su novio, se suicidó ahorcándose en casa de su madre en Tahití. Al enterarse de la noticia, Brando cayó enfermo.

Christian murió de neumonía el 27 de enero de 2008.

Intereses y estilo de vida

Marlon Brando también ha pasado a la historia por su carácter rebelde, en muchos sentidos misterioso y controvertido, y por sus numerosos cambios de humor durante el rodaje de sus películas. Muchos directores que le dirigieron tuvieron relaciones difíciles con él durante el rodaje, debido a la intratabilidad del actor, como afirmaron en numerosas ocasiones Gillo Pontecorvo, que le dirigió en *Queimada*, y Francis Ford Coppola en *Apocalypse Now* y *El Padrino*. Notoriamente reservado fuera de los focos, el 12 de junio de 1973 propinó un puñetazo en la cara al paparazzo Ron Galella, que le estaba fotografiando mientras se encontraba en un restaurante de Chinatown con el presentador Dick Cavett, tras rodar un episodio de *The Dick Cavett Show*. Galella acabó con la mandíbula rota y Brando fue condenado a indemnizarle con una suma de cuarenta mil dólares. Después de la aventura, el paparazzo siguió persiguiendo a Brando con un casco de fútbol americano.

Sus pasiones eran las motos, en particular su Triumph Bonneville y su Harley Davidson Sportster. También era radioaficionado y transmitía con el indicativo francés

FO5GJ desde su residencia polinesia de Tetiaroa, isla en la que nunca ocultó su deseo de construir un complejo turístico de lujo, idea a la que renunció por los desorbitados costes que suponía. También vivió en la isla hasta 1990 y en junio de 2003 cedió el uso de 2.000 m² de la pequeña isla de Onehati a su gran amigo Michael Jackson, como agradecimiento por organizar una fiesta de cumpleaños para su hija Nina, de 13 años. Tras la muerte de Brando, la isla se vendió primero al promotor inmobiliario Richard Bailey y luego, como siempre había soñado el actor, se construyó allí un complejo turístico de lujo llamado *The Brando*.

Se habló mucho del declive físico de Brando, que había engordado considerablemente desde principios de los años ochenta. Ya en 1978, Francis Ford Coppola declaró que, cuando Brando apareció en el rodaje de *Apocalypse Now, se le* notaba muy pesado. Por esta misma razón, Brando había pedido que las escenas en las que aparecía se filmaran a media luz, para ocultar su considerable aumento de peso. A partir de la siguiente película, *La fórmula* (1980), y en posteriores apariciones cinematográficas, se aprecia el progresivo aumento de la obesidad del actor. En los últimos años de su vida, Brando pesaba alrededor de 150 kg y, debido a su obesidad, se vio obligado a utilizar una silla de ruedas.

Tasas percibidas

Marlon Brando fue uno de los actores mejor pagados de Hollywood, como demuestra el aumento de sus honorarios por cada película que protagonizaba. Su *caché* récord por la película *Superman* fue de diecinueve millones de dólares (incluyendo 3,7 millones de dólares por su interpretación y un 11,75% de la taquilla), un récord que permaneció imbatido durante más de diez años.

En 1950, por su primera película *Mi cuerpo te pertenece* Brando recibió diez mil dólares, uno de los salarios más bajos. Por su segunda película protagonista, *Un tranvía llamado deseo*, Brando ganó unos quince mil dólares, el salario mínimo para este tipo de contratos, pero desde entonces el *caché* siempre ha subido. Las siguientes *Viva Zapata!*, *Julio César* y *El salvaje*, recibió treinta mil dólares por película, mientras que por, *On the Waterfront,* la remuneración subió a cuarenta mil dólares (con un porcentaje de la taquilla), frente a 906.000 dólares de costes de producción, la más alta percibida por un actor protagonista en aquella época. A partir de esta película, su *caché fue* aumentando cada vez más: 100.000 dólares por *Bulli e pupe*, 250.000 por *La casa de té de la luna de agosto*, 300.000 por *Los jóvenes leones* y *Sayonara*, 500.000 por *Piel de serpiente*... Por Las *dos caras de la venganza*, en 1961, recibió una remuneración inferior, de 100.000 dólares, por dirigir y protagonizar la película, debido a problemas de presupuesto del filme.

En 1962, por la película El *motín de la Bounty,* Brando batió todos los récords, recaudando unos honorarios de un millón de dólares, que no sólo crearon un escándalo (en una época en que los honorarios medios de actores más conocidos de la época, como John Wayne, Cary Grant y Montgomery Clift, eran de 300.000 dólares), sino que le coronaron como el actor mejor pagado de Hollywood. A partir de 1963 y durante toda la década de 1960, a pesar de algunos fracasos comerciales, Brando siguió siendo uno de los actores mejor pagados, con unos honorarios medios de 750.000 dólares por películas como *La caza* y *Reflejos en un ojo dorado*. En 1969, por la película *Queimada*, recaudó mucho menos que su *caché medio*, unos 400.000 dólares.

En 1971, por *De repente, un hombre de noche* Brando recibió 50.000 dólares, el salario mínimo de la época. Por la siguiente película, *Último tango en París*, recibió 250.000 dólares y el 10% de la taquilla, el *caché* más alto pagado entonces en el cine italiano. Tras la película *Missouri,* por la que cobró 1.000.000 de dólares, declaró en 1976 que nunca volvería a trabajar por menos de 2.000.000 de dólares de remuneración. En 1978, batió todos los récords: por su participación en la película

Superman, Brando recibió unos 19 millones de dólares (3,7 por su interpretación y cerca del 11,75% de la taquilla). Inscrito en el Libro Guinness de los Récords como el mayor honorario cinematográfico, el récord se mantendría hasta 1989, cuando Jack Nicholson obtuvo sesenta millones de dólares (incluido un porcentaje de la taquilla) por *Batman*. En 1979, por *Apocalypse Now*, *cobró* un millón de dólares semanales.

En 1980, por *La fórmula* obtuvo tres millones de dólares por rodar tres escenas, mientras que en *A Dry White Season* trabajó gratis. Por *El jefe y el novato, en* 1990, recibió ocho millones de dólares, por *Cristóbal Colón - El Descubrimiento* recibió cinco millones de dólares. En *Don Juan De Marco - Maestro del amor* y La *isla perdida* volvió a percibir ocho millones de dólares, y en 1997 por *El valiente* recibió cinco. En 1998 ganó seis millones de dólares por *A la fuga con el dinero,* mientras que en 2001, por *The Score,* su última película, Brando volvió a ganar tres millones de dólares, a pesar de algunas desavenencias con el director Frank Oz.

Influencias en la cultura de masas

La celebridad del actor contribuyó decisivamente a la difusión del nombre personal masculino Marlon, que había heredado de su padre, y cuyo origen se desconoce.

Marlon Brando, junto con Ronnie James Dio, fueron una gran fuente de inspiración para la creación del personaje de Dio Brando del manga, y posterior serie de anime, *Las extrañas aventuras de JoJo*, de Hirohiko Araki.

Filmografía

Actor
- *Mi cuerpo te pertenece* (*The Men*), dirigida por Fred Zinnemann (1950)
- *Un tranvía llamado deseo*, dirigida por Elia Kazan (1951)
- *Viva Zapata*, dirigida por Elia Kazan (1952)
- *Julio César* (*Julius Caesar*), dirigida por Joseph L. Mankiewicz (1953)
- *El salvaje*, dirigida por László Benedek (1953)
- *On the Waterfront*, dirigida por Elia Kazan (1954)
- *Désirée*, dirigida por Henry Koster (1954)
- *Guys and Dolls*, dirigida por Joseph L. Mankiewicz (1955)
- *La casa de té de la luna de agosto*, dirigida por Daniel Mann (1956)
- *Sayonara*, dirigida por Joshua Logan (1957)
- *Los jóvenes leones* (*The Young Lions*), dirigida por Edward Dmytryk (1958)
- *Piel de serpiente* (*The Fugitive Kind*), dirigida por Sidney Lumet (1960)
- *Las dos caras de la venganza* (*One-Eyed Jacks*), dirigida por Marlon Brando (1961)
- *Motín en la Bounty*, dirigida por Lewis Milestone (1962)

- *Misión al Este - El americano feo*, dirigida por George Englund (1963)
- *Los dos seductores* (*Bedtime Story*), dirigida por Ralph Levy (1964)
- *I morituri* (*Morituri*), dirigida por Bernhard Wicki (1965)
- *The Chase (La persecución)*, dirigida por Arthur Penn (1966)
- *Suroeste de Sonora* (*The Appaloosa*), dirigida por Sidney J. Furie (1966)
- *Una condesa de Hong Kong*, dirigida por Charlie Chaplin (1967)
- *Reflejos en un ojo dorado*, dirigida por John Huston (1967)
- *Candy y su loco mundo* (*Candy*), dirigida por Christian Marquand (1968)
- *La noche del día siguiente* (*The Night of the Following Day*), dirigida por Hubert Cornfield (1968)
- *Queimada*, dirigida por Gillo Pontecorvo (1969)
- *De repente, un hombre en la noche* (*The Nightcomers*), dirigida por Michael Winner (1972)
- *El Padrino*, dirigida por Francis Ford Coppola (1972)
- *El último tango en París*, dirigida por Bernardo Bertolucci (1972)

- *Missouri* (*The Missouri Breaks*), dirigida por Arthur Penn (1976)
- *Superman*, dirigida por Richard Donner (1978)
- *Apocalypse Now*, dirigida por Francis Ford Coppola (1979)
- *Raíces - Las nuevas generaciones* (Roots*: The Next Generations*) - miniserie de televisión (1979)
- *La fórmula* (*The Formula*), dirigida por John G. Avildsen (1980)
- *A Dry White Season*, dirigida por Euzhan Palcy (1989)
- *El jefe y el novato* (*The Freshman*), dirigida por Andrew Bergman (1990)
- *Viaje al infierno* (*Heatrs of Darkness: A Filmmaker's Apocalypse*), dirigido por Fax Bahr, George Hickenlooper y Eleanor Coppola (1991) - documental
- *Cristóbal Colón - El Descubrimiento* (*Christopher Columbus: The Discovery*), dirigida por John Glen (1992)
- *Don Juan De Marco - Maestro del amor* (*Don Juan DeMarco*), dirigida por Jeremy Leven (1995)
- *La isla perdida* (*The Island of Dr. Moreau*), dirigida por John Frankenheimer (1996)
- *Los valientes*, dirigida por Johnny Depp (1997)
- *A la fuga con el botín* (*Free Money*), dirigida por Yves Simoneau (1998)

- *The Score*, dirigida por Frank Oz (2001)

Videoclips
- *You Rock My World* de Michael Jackson (2001)

Anuncios
- *Telecom Italia* (abril de 2000)

Dubber
- *Big Bug Man*, dirigida por Bob Bendetson (2004) - nunca distribuida
- *El Padrino* - videojuego (2006)

Guionista
- *Piel de serpiente* (*The Fugitive Kind*), dirigida por Sidney Lumet (1960)
- *Los dos seductores* (*Bedtime Story*), dirigida por Ralph Levy (1964)

Director
- *Las dos caras de la venganza* (*One-Eyed Jacks*) (1961)

Teatro
- *I Remember Mama*, de John Van Druten. Teatro Shubert de New Haven, Teatro Music Box de Broadway (1944)
- *Antígona*, de Sófocles, dirigida por Guthrie McClintic. Teatro Cort en Broadway (1946)
- *Truckline Cafe*, de Maxwell Anderson, dirigida por Harold Clurman. Teatro Belasco en Broadway (1946)

- *Cándida*, de George Bernard Shaw, dirigida por Guthrie McClintic. Teatro Cort en Broadway (1946)
- *Nace una bandera*, de Ben Hecht, dirigida por Luther Adler. Teatro Alvin en Broadway (1946)
- *Un tranvía llamado deseo*, de Tennessee Williams, dirigida por Elia Kazan. Teatro Ethel Barrymore en Broadway (1947)
- *The Guns and the Man*, de George Bernard Shaw, dirigida por Herbert Ratner. Ivoryton Playhouse (1953)

"ONE-EYED JACKS"
A Paramount Release   VistaVision   Technicolor

Agradecimientos

Premio Oscar
- 1952 - Nominación a Mejor Actor por *Un tranvía llamado deseo*
- 1953 - Nominación al mejor actor por *¡Viva Zapata!*
- 1954 - Nominación al Mejor Actor por *Julio César*
- 1955 - Mejor Actor por *On the Waterfront*
- 1958 - Nominación al Mejor Actor por *Sayonara*
- 1973 - Mejor Actor por *El Padrino*
- 1974 - Nominación al Mejor Actor por *Last Tango in Paris*
- 1990 - Nominación al Mejor Actor de Reparto por A *Dry White Season*

Globo de Oro
- 1955 - Mejor actor en una película dramática por *On the Waterfront*
- 1955 - Nominación al Premio Henrietta
- 1956 - Premio Henrietta
- 1957 - Nominación al mejor actor de comedia o musical por *La casa de té de la luna de agosto.*
- 1958 - Nominación al Mejor Actor de Drama por *Sayonara*
- 1964 - Nominación al Mejor Actor en una Película Dramática por *Misión al Este - The Ugly American*

- 1973 - Mejor Actor de Drama por *El Padrino*
- 1973 - Premio Henrietta
- 1974 - Premio Henrietta
- 1990 - Nominación al Mejor Actor de Reparto por A *Dry White Season*

Premios BAFTA
- 1953 - Mejor actor protagonista por *¡Viva Zapata!*
- 1954 - Mejor Actor Protagonista por *Julio César*
- 1955 - Mejor actor protagonista por *On the Waterfront*
- 1959 - Nominación al Mejor Actor *Protagonista* por *The Young Lions*
- 1972 - Nominación al Mejor Actor Protagonista por *De repente, un hombre en la noche*
- 1973 - Nominación al Mejor Actor Protagonista por *El Padrino*
- 1974 - Nominación al Mejor Actor Protagonista por *Last Tango in Paris*
- 1990 - Nominación al Mejor Actor de Reparto por A *Dry White Season*

Otros premios
- 1951 - Premio Jussi al mejor actor por *Mi cuerpo te pertenece*
- 1952 - Premio Jussi al Mejor Actor por *Un tranvía llamado deseo*
- 1953 - Premio de interpretación masculina al mejor actor por *¡Viva Zapata!*

- 1954 - Premio del Círculo de Críticos de Cine de Nueva York al Mejor Actor Protagonista por *On the Waterfront*.
- 1958 - David di Donatello al Mejor Actor Extranjero por *Sayonara*
- 1959 - Premio Laurel al Mejor Actor *Protagonista* por *The Young Lions*
- 1962 - Concha de Oro al Mejor Director por Las *dos caras de la venganza*
- 1967 - Premios Western Heritage
- 1968 - Premio Bambi al mejor actor protagonista por *La condesa de Hong Kong*
- 1970 - Película de Platino al Mejor Actor Protagonista por *Queimada*
- 1973 - Premio del Círculo de Críticos de Cine de Kansas City al Mejor Actor Protagonista por *El Padrino*
- 1973 - Premio de Plata de la Sociedad Nacional de Críticos de Cine al Mejor Actor Protagonista por *El Padrino*
- 1973 - Premio de Plata del Círculo de Críticos de Cine de Nueva York al Mejor Actor Protagonista por *El Padrino*
- 1974 - Premio de la Sociedad Nacional de Críticos de Cine al Mejor Actor Protagonista por *El último tango en París*.

- 1974 - Premio del Círculo de Críticos de Cine de Nueva York al Mejor Actor por su papel en Least *Tango in Paris*
- 1979 - Premio Emmy al mejor actor de serie de televisión por *Roots - The New Generation*
- 1980 - American Movie Awards al mejor actor por *Apocalypse Now*
- 1990 - Gran Premio de Tokio al mejor actor de reparto por A *Dry White Season*
- 1995 - Premio del Círculo de Críticos de Cine de Londres a la mejor pareja con Johnny Depp por *Don Juan De Marco - Master of Love*
- 2000 - Honorario de la Asociación de Cine y Televisión en Línea
- 2001 - Premio Jussi a la Trayectoria Profesional
- 2004 - Premio italiano de cine en línea a toda una vida

Otros libros de United Library

https://campsite.bio/unitedlibrary

Milton Keynes UK
Ingram Content Group UK Ltd.
UKHW032005140224
437844UK00015B/1468